„Jedermann will gern auf Kosten des Staates leben, aber fast niemand denkt daran, dass der Staat auf jedermanns Kosten lebt."

-Frederic Bastiat (1801-1850)

Dennis Hans Ladener

SklavenLEBEN

Freidenker

FSC
www.fsc.org
MIX
Papier aus ver-
antwortungsvollen
Quellen
Paper from
responsible sources
FSC® C105338

1. Auflage
© 2020 Dennis Hans Ladener
(dladener@googlemail.com)

Herstellung und Verlag: BoD – Books on Demand, Norderstedt.

ISBN: 9783752870282

Dennis Hans Ladener

geboren am 11.05.1990 in Köln, ist ein deutscher **Philosoph und**

Schriftsteller, welcher bereits im jungen Alter von nur **29** Jahren geschafft hat **zehn** „philosophische Sachbücher" in Eigenregie auf den Markt zu bringen.

- **Reset: Der Anfang einer Neuen Welt**
- **Die 4 Säulen des Scheiterns**
- **SklavenLEBEN**
- **Das Handbuch der Welt**
- **Die Datenwelt Theorie**
- **Die Datenwelt Theorie 2.0**

- *Arthur Schopenhauer: Eine "kleine" Einführung*
- *Eine kurze Zusammenfassung des Ganzen*
- *Die höhere Erkenntnis: Ein Weg zum besseren Verständnis der Welt*
- *Eine kurze Zusammenfassung des Ganzen & Die höhere Erkenntnis: 2in1 Sonderedition*

Schwerpunkt seiner Arbeiten, sowie seines Denkens beruhen hierbei im Kern auf der Philosophie des brillanten deutschen Philosophen
Arthur Schopenhauer
(22. Februar 1788 in Danzig; † 21. September 1860 Frankfurt am Main).*

Da dessen Hauptwerk
„Die Welt als Wille und Vorstellung"

stets die größte Quelle der Inspiration
für ihn selbst bereithielt.

*„Ich war wohl schon immer ein klein
wenig sonderbar und verbrachte
bereits in meiner Kindheit viel Zeit
damit über die Welt nachzudenken.
Fantasie, Vorstellungskraft, sowie eine
stark ausgeprägte natürliche
Neugierde waren hierbei stets meine
treuesten Begleiter.“*

*„Das Geheimnis dahinter, warum ich so
geworden bin wie ich bin, liegt wohl
darin verborgen, dass ich es stets
vermieden habe ein „Erwachsener“ zu
werden!“*

2011 beendete er erfolgreich seine
Ausbildung zur ***„Fachkraft für Schutz
und Sicherheit“.*** Von nun an konnte er
sich voll und ganz auf sein

„persönliches Studium" der
Philosophie konzentrieren.

*„Mit 21 Jahren verliebte ich mich
endgültig in die Philosophie und
schließlich auch in die Gedankenwelt
Arthur Schopenhauers."*

*„Es war ein langer, einsamer, sowie
steiniger Weg. Doch bereut habe ich es
nie ihn gegangen zu sein!"*

***Der Antrieb
unseres Autors liegt darin, komplexe und
nur schwer zu verstehende
„philosophische", „gesellschaftskritische"
sowie „naturwissenschaftliche" Themen
so simpel und anschaulich wie möglich
der breiten Bevölkerung zugänglich zu
machen.**

**Kein leichtes Unterfangen.
Doch eines, welches sich definitiv zu
versuchen lohnt!**

„Geschrieben für all die Sklaven dieser Welt, welche fälschlicherweise daran glauben frei zu sein.“

-Dennis Hans Ladener

Inhaltsverzeichnis

Neuzeit-Sklave

*Vorgesetzte, die nur tadeln, und der Chef
nervt ebenfalls. Mensch, da könnt ich
explodieren, da kriegt man doch 'nen
dicken Hals!*

*Immer mehr und immer schneller soll
man schaffen, wie ein Tier.
Akkurat soll's auch noch werden, muckst
du auf, dann droht Hartz IV.*

*Kontrolliert wird man täglich, keiner
traut dem anderen noch.
Fragt man dich nach Überstunden
murrst du leis': "Ich? klar, immer doch!"*

*Fehlt nur noch ein' Chip im Nacken, und
'ne Kugel fest am Bein. Dann gehörten
wir Idioten nur dem Staate ganz allein.*

-Norbert van Tiggelen

„Jeder kommt für sich auf diese Welt
und nicht für einen anderen. Der Mensch
muss selbstständig sein und nicht
abhängig. Diese Welt gehört uns allen
und nicht nur ein paar wenigen.“

-Dennis Hans Ladener

„Sollte die Politik tatsächlich dem Volke dienlich sein, so darf sie unter keinen Umständen zugleich auch ein Sklave der eigenen Begierden, und erst recht nicht ein Sklave der Wirtschaft sowie Bankenwelt sein."

-Dennis Hans Ladener

1.1 Vorwort

Es war schon immer das Prinzip der Herrschenden und Mächtigen nur das umzusetzen, was für sie selbst richtig und gut ist, um ihren Status noch weiter zu vermehren. Für die restliche Bevölkerung hat man stets nur so viel übrig gelassen, damit sie schweigend und noch halbwegs zufrieden brav bis zum Tode ihr Dasein fristen.

Brot und Spiele für das Volk.

Als Kind war ich noch fest davon überzeugt gewesen, das alles auf dieser Welt seine Richtigkeit hat und mit rechten Dingen verläuft.

Gott, muss ich naiv gewesen sein!

Meine Mutter war alleinerziehend und hatte stets damit zu kämpfen, dass wir über die Runden kamen. Ich verbrachte dementsprechend als Kind viel Zeit bei meinen Großeltern, damit sie nebenbei

noch mehrere Putzstellen abarbeiten
konnte.

Ab meinem dritten Lebensjahr besuchte
ich eine Kindertagesstätte, welche mich
auf meine Einschulung vorbereiten
sollte.

Rückblickend betrachtet muss ich sagen,
das es wirklich eine gute Zeit war, auch
wenn ich es persönlich für wichtiger
halte, das Eltern und Kind insbesondere
während der Kindheitsphase so viel Zeit
wie möglich miteinander verbringen
sollten.

Mit sechs Jahren wurde ich schließlich
eingeschult. Ich war ein wirklich
aufgeschlossenes Kind und, auch wenn
es hier und dort mal hart war, möchte ich
keines dieser 4 Jahre missen wollen.

Dies änderte sich allerdings ab der 5.
Klasse, mit dem Beginn der
weiterführenden Schule schlagartig.

Meine Lehrer waren damals schon genau
so wie heute in jeglicher Hinsicht
maßlos überfordert gewesen.

*Das Problem ist, das diese immer noch
versuchen Fächer anstatt einzelne
menschliche Individuen zu unterrichten.*

Wieso muss ich ausgerechnet dies und
das lernen? Wofür kann ich dieses
Wissen im realen Leben tatsächlich
gebrauchen und anwenden? Wie stehen
die einzelnen Themen der Fächer im
Bezug zueinander?

Fragen über Fragen...

Wenn mich etwas **interessiert,** dann ist
es oftmals, weil es mich **fasziniert** und
ich gegebenenfalls einen praktischen
Nutzen darin erkennen kann.

Und genau das ist es, was mir zur meiner
damaligen Schulzeit niemand geschafft
hat vernünftig zu vermitteln.

Stattdessen mühte man sich trocken genau nach Lehrplan von Thema zu Thema. ***Häufig ohne Sinn und ohne Verstand,*** nur um ständig immer wieder aufs Neue hastig etwas <u>auswendig</u> zu lernen, was man nach den jeweiligen Prüfungen unverzüglich wieder <u>vergessen</u> konnte und auch musste.

Am Ende hatte man bei mir mit dieser Methode zunächst einmal nur eines erreicht, nämlich eine (bis zu meinem 20. Lebensjahr andauernde) gewaltige Abscheu gegenüber Schule, Büchern und dem Drang des Lernens, um zu wissen und um zu verstehen.

Nach "erfolgreicher" Beendigung unseres Schulsystems sollte ich mir schließlich unverzüglich einen Ausbildungsplatz suchen und fleißig arbeiten gehen.

Dies tat ich auch ganz brav, ohne zu
murren und wurde nach relativ kurzer
Zeit doch wieder nur maßlos enttäuscht.

*Es schien mir immer mehr, als würde
sich für mich der Schleier der
"Erwachsenenwelt" ab diesem Zeitpunkt
bereits immer mehr und mehr lüften.*

Lauter stumpfsinnige, befremdliche
Tätigkeiten, ohne tatsächlichen Nutzen
für mich selbst oder unserer
Gesellschaft, gepaart mit einer viel zu
geringen geldlichen Entlohnung.

***Schon als Azubi begriff ich sehr
schnell, das ich reingelegt wurden sein
musste.***

*Bereits jetzt schon in so jungen Jahren
wurde ich das Gefühl nicht mehr los, nur
noch ein winziges, unbedeutendes Teil
einer gigantischen Arbeitsmaschinerie
zu sein.*

Der Traum vom „endlich erwachsen
werden" entpuppte sich rasch als bittere,
und nur schwerlich zu schluckende Pille.

Herzlichen Glückwunsch
Herr Ladener, Sie haben nun Ihre
insgesamt 13 jährige Ausbildung zur
Arbeitsmaschine erfolgreich bestanden
**(oder soll ich vielmehr sagen
überstanden)?**

Sie dürfen nun endlich **45 Jahre** Ihrer
verbliebenen Haltbarkeit
***(hauptsächlich für den Wohlstand
anderer)*** arbeiten gehen.

*Montag bis Freitag bzw. Samstag /
Sonntag. Mindestens 8-12 Stunden
Arbeit. Je nach Tätigkeit allein bis zu
260 Arbeitsstunden im Monat. Jahr für
Jahr. 365 Tage. Ca. 30 Tage Urlaub.*

***Bei einer geschätzten Lebensspanne
von ca. 79 Jahren überhaupt kein fairer
Deal!***

Ich wünsche Ihnen noch ein schönes Leben. Freuen Sie sich auch schon artig auf ihr Wochenende...?

... Ach was, Sie müssen also auch am Wochenende arbeiten...?

Hmm das ist natürlich blöd für Sie! Machen Sie es gut...

„In solch einem System, durchdrungen von Perversion, wo dir deine Lebenszeit Jahr für Jahr konstant immer weiter perfide zum Wohle des wirtschaftlichen Wachstums geraubt wird, entwickelt sich die eigentlich natürlich angeborene Freiheit des Menschen, hinüber zu einer oftmals immer stärker werdenden bitteren inneren Qual.“

Gefangen im Hamsterrad

1.2 Einleitung

„Je weiter sich eine Gesellschaft von der Wahrheit entfernt, desto mehr wird sie jene hassen, die sie aussprechen."
-George Orwell

Nach nun fast 10 Jahren des intensiven Nachdenkens über diese Welt und deren menschlichen Bewohner, bin ich mir über eines vollkommen im Klaren geworden.

„Der Mensch ist nichts weiter als ein Sklave."

Wir sind zum einen Teil Sklaven unserer eigenen Angewohnheiten, Sehnsüchte und Triebe, und zu einem anderen Teil, und genau davon soll dieses Buch auch hauptsächlich handeln, die Sklaven eines perversen Systems, einer Hand voll unserer Mitmenschen, welches ausschließlich den Reichen und Mächtigsten dieser Welt von Nutzen ist, damit diese ihren eigenen, grenzenlosen,

gierigen Willen immer weiter umgesetzt
kriegen.

Mir ist bewusst, dass viele sicherlich
zunächst versuchen werden diese harte
Wahrheit von sich abzuwälzen.
Sie werden es hassen, leugnen, belächeln
und todschweigen.

Doch solange sie dies tun, wird unsere
Knechtschaft in Sklaverei niemals ein
Ende nehmen, und sogar noch die
Kinder deiner Kindeskinder in ihren
eisigen Ketten gefangen halten.

*„Lediglich 0,1 % der
Weltbevölkerungselite besitzen aktuell
weit über 80 % des gesamten weltweiten
Finanzvermögens."*

Eine schier unvorstellbare Anhäufung
von ungerecht verteiltem Vermögen,
welches stets auf unfairer und
betrügerische Art und Weise auf Kosten
der restlichen Menschheit und der
gesamten Natur ergaunert wurde, und

immer noch beständig weiter ergaunert wird.

Wenn wir nun einmal davon ausgehen, dass unser Planet für eine kleine Gruppierung mächtiger und einflussreicher Menschen nichts weiter als eine Art "Produktionsstätte" darstellt, auf derer ihre Mitmenschen von ihnen lediglich als kostengünstige, sowie permanent nachwachsende "Rohstoffquelle" wahrgenommen werden.

So fängt das bestehende System, das unser aller Leben jeden Tag aufs Neue maßgeblich beeinflusst, plötzlich doch noch an einen klaren Sinn zu ergeben.

Doch wie viel Gutes könnten diese Menschen mit solch einem unglaublichen Reichtum bewirken, anstatt lediglich jeden Tag aufs Neue eine Art **„modernes Monopoly"** mit dieser Welt zu spielen.

Was hat man nur davon, frage ich mich,
auf Kosten anderer Menschen, Tiere und
der Natur immer mehr und noch mehr,
meist sogar sinnlos ungenutztes
Vermögen anzuhäufen, während die
restliche Welt um einen herum selbst
immer mehr und mehr in Chaos, sowie
der Armut versinkt.

***Laut dem Welternährungsprogramm
der Vereinten Nationen leiden rund 821
Millionen Menschen weltweit an einer
akuten Hungersnot.***

Jedes Jahr sterben über 9 Millionen
Menschen an ihrer Unterernährung, was
einem Todesfall rund alle drei Sekunden
entspricht.

Häufig sind sogar bereits Kinder unter
fünf Jahren betroffen. Jedes siebte ist
weltweit untergewichtig und jedes vierte
ist chronisch unterernährt.

Unterernährung trägt jährlich und
weltweit zum Tod von allein 3,1

Millionen Kindern unter fünf Jahren bei,
was mehr als 45 % aller Sterbefälle von
Kindern unter fünf Jahren entspricht.

Ich persönlich kann mir dieses elendige
Versagen der Elite nur dahingehend
erklären, dass dieser fürchterliche
bedauernswerte Zustand von ihnen
kalkuliert und bewusst gewollt ist.

Sklaverei ist ein Zustand, indem
Menschen vorübergehend oder
lebenslang als Eigentum oder
Handelsware anderer behandelt werden.

Im weiteren Sinne zählen zur Sklaverei
auch Freiheitsberaubung und Nötigung
von Menschen.

Die „Sklavengesetze" regelten die
privat- und strafrechtlichen
Gesichtspunkte der Sklavenhaltung und
des Sklavenhandels; darüber hinaus
bestimmten sie auch, welche Rechte den
Sklaven zugestanden wurden.

In vielen sklavenhaltenden Staatswesen
und Gesellschaften behielten Sklaven
eine gewisse Rechtsfähigkeit und
konnten z. B. die Gerichte anrufen oder
Eigentum mit Einschränkungen
erwirtschaften.

Die Nachkommen von Sklaven waren
ebenfalls unfrei.

1.3 Institution Schule

„Aufgrund der allgemeinen Schulpflicht werden die Kinder bereits schon von Beginn an durch das Gesetz zu Objekten einer Beschulung."

Die Schule müsste ein Ort sein, wo die Schüler jeden Tag aufs Neue freiwillig und wissbegierig ihre Lebenszeit verbringen, und nicht nur, weil es ihnen vom Staat aus gesetzlich vorgeschrieben wird.

In erster Linie soll unser aktuell noch herrschendes Schulsystem nur eines gewährleisten… *alle Kinder so gut wie irgend möglich gleich schalten und mit so viel unnützem Wissen überfluten, dass ihnen überhaupt keine Zeit und Lust mehr bleibt, um über sich selbst und die wirklich wichtigen Dinge in ihrem Leben nachzudenken.*

Das Prinzip dieses Schul *"systems"* ist hierbei ganz einfach: Stellen Sie sich einmal eine Klasse mit ca. 30 Kindern vor.

Diese Kinder kommen gerade erst frisch aus dem Kindergarten und sind bereits von Natur aus noch sehr wissensdurstig. Ja; sie freuen sich sogar und sind stolz darauf nun endlich in die Schule für die großen Kinder gehen zu dürfen.

Jedes dieser wundervollen Geschöpfe ist zunächst vollkommen auf seine eigene ganz bestimme Art einzigartig.

Jedes dieser Kinder verfügt über bestimmte Stärken und Schwächen. Keines von ihnen wurde dumm geboren.

Nun verlangt unser Schul *"system"* jedoch, dass jedes dieser, zuvor einzigartigen Geschöpfe in den mindestens nächsten 10 Schuljahren; so gut wie möglich mit *„der Masse"* gleich geschaltet wird.

Alle Kinder sollen das gleiche Wissen haben, gleich denken und am besten sogar gleich handeln, sowie in jedem Schulfach auch noch zumindest durchschnittlich gut abschneiden.

Alles das Ergebnis eines **Ver**Bildungs**systems,** welches mit **„Bildung"** im eigentlichen Sinne überhaupt nichts mehr gemein hat.

Die Lehrkräfte fungieren bei diesem Prozess bereits jetzt schon als erste Autoritätspersonen (Vorgesetzter) außerhalb der Familie, damit die noch jungen Menschen sich bereits ab diesem Zeitpunkt ihrer frühen geistigen Entwicklung Stück für Stück an ein totalitäres System gewöhnen können, welches sie ihr gesamtes späteres Arbeitsleben konstant immer weiter begleiten wird.

Du hast dich zu einer festbestimmten Uhrzeit, an einem festgelegten Ort, für

**eine festvorgegebene Zeit aufzuhalten
und dich an die angegebenen
Pausenzeiten zu richten.**

- *Was der jeweilige Lehrer sagt ist
  Gesetz.*
- *Fragen, die Lehrer/innen nicht
  beantworten können, oder nicht
  zum Unterricht gehören sind laut
  diesen meist irrelevante Fragen.*
- *Denkweisen, welche die
  Lehrer/innen nicht selbst
  vertreten oder zu sehr von der
  standardisierten Norm
  abweichen, sind falsch.*
- *Zu viel kritisches selbstständiges
  Hinterfragen gilt oft als
  zunehmend störend.*
- *Du entwickelst dich nicht so wie
  alle anderen in der Klasse, also
  bist du dumm, schwerfällig und
  oder zu anstrengend.*

Im eigentlichen Sinne sollen die Kinder
in der Schule nichts lernen, sondern

lediglich vereinheitlicht und von den
wirklich wichtigen Dingen des Lebens
abgelenkt werden.

*Für das bestehende System ist es am
besten, wenn alle Menschen so gleich
wie möglich geschaltet sind.*

**Du sollst nicht anders sein als der Rest
der Klasse.** Fällst du zu sehr aus einer
gewissen Norm raus, bist du für die
Lehrer zu anstrengend.

Wenn du zu oft kritische Fragen stellst
oder Sachen hinterfragst, anstatt das
Gerede des Lehrers bedingungslos zu
schlucken, bist du ebenfalls zu
anstrengend.

Die Institution Schule soll dafür
sorgen, dass Kinder stets unter einem
massivem Leistungs-, sowie
Konkurrenzdruck gesetzt werden.
**Sie sollen den gemeinsamen Spaß am
Lesen und am Lernen verlieren.**

Ginge es nach dem Staat sollten sie das selbständige und kritische Denken so weit wie möglich ganz aufhören.

Unsere Kinder werden mit solch Unmengen an totem Wissen zugeschüttet.

Wissen, das kein Mensch braucht.

Und wozu das alles…?

…damit die noch jungen Köpfe der Kinder bereits im Kindesalter so sehr mit unnützen Input beschäftigt sind, dass ihnen so wenig Zeit wie möglich verbleibt, um über die für ihr eigenes Leben tatsächlich relevanten Dinge des Lebens nachdenken zu können oder gar wollen.

„Kinder sollen in der Schule lediglich so lange abgelenkt werden, bis sie alt und abgestumpft genug sind, um wie alle anderen Arbeitsmaschinen ihr Leben lang malochen gehen zu können.“

Die sogenannten "Schulnoten" zeigen hierbei lediglich, wer von den Schülern diesen Unsinn des ewigen Auswendiglernens und Wiederkäuens am besten über die Jahre bewerkstelligen konnte.

Und nun seien Sie doch mal bitte ganz ehrlich zu sich selbst. Welche von den Unmengen an Informationen, die Ihnen in mindestens 10 Jahren Ihrer Schulzeit zwanghaft eingetrichtert wurden, wissen Sie bis heute noch bzw., welche davon haben Sie tatsächlich einmal für Ihr reales Leben außerhalb des Schulgebäudes gebrauchen können?

Viele der sogenannten "Erwachsenen" fühlen sich von dieser Kritik oftmals selbst angegriffen, weil sie sich durch diese wohl zumindest teilweise beleidigt und angegriffen fühlen, wenn man das bereits bestehende Bildungssystem, welches sie selbst einmal durchlaufen haben allzu sehr scharf kritisiert.

Es kommen dann oftmals solch Argumente wie…

…ich selbst bin doch auch zur Schule gegangen. Genau wie es meine Eltern und deren Eltern vor mir auch schon taten. Geschadet hat es uns allen nicht und schau, aus uns ist schließlich auch etwas geworden.

Richtig: Eine Gesellschaft von völlig gleichgeschalteten, gut geölten Arbeitermaschinen, angetrieben von einem modernen Gott namens Geld, in welcher Tiere leider viel zu oft immer noch als reine Sklaven unserer Bedürfnisse angesehen werden, und Obdachlose vertrieben werden, wenn sie bei Nacht und Kälte irgendwo Schutz suchen. Genau das ist aus uns geworden!

Wenn mein Kind also schon so viele

Jahre Tag für Tag für Tag solch eine angebliche "Bildungsstätte" aufsuchen muss, will ich auch wenigstens die absolute Gewissheit haben, das es dort nur solche Dinge vermittelt bekommt, die einen tatsächlichen Wert für unser gesellschaftliches Zusammenleben und dem Leben an sich haben.

Dazu muss ich mir aber auch als Erwachsener zunächst selbst eingestehen können, dass das System, was ich selbst bereits zuvor schon durchlaufen musste, eventuell tatsächlich von unzähligen Fehlern behaftet sein könnte.

„Dazu erzogen keinen Unterschied in dieser Welt zu machen, erzogen nicht anders zu sein. Gebildet genug, um für andere arbeiten gehen zu können, aber nicht gebildet genug, um diese ganzen Prozesse überhaupt zu erkennen, sowie kritisch zu hinterfragen.“

Ändern wir nicht so schnell wie
möglich wie und was wir unseren
Kindern lehren, so haben wir
sicherlich bereits schon in wenigen
Jahrzehnten ein paar mächtige
Probleme am Hals.

*Denn die „Art und Weise" wie wir
unsere Kinder unterrichten ist
mindestens genauso veraltet wie der
vorgegebene Lehrplan selbst.*

1.4 Warum arbeiten gehen nicht reich macht!

Das Arbeitgeber / Arbeitnehmer Verhältnis.

Ein Arbeitgeber stellt einen Arbeitnehmer ausschließlich dann ein; wenn dieser sich für ihn auf Dauer rentiert. Richtig oder…?

Was bedeutet das genau?

Es bedeutet, dass der jeweilige eingestellte Mitarbeiter zunächst einmal mindestens die Menge an Geld für den Arbeitgeber erwirtschaften muss, die sie ihn gleichzeitig auch an Lohnauszahlungen kostet.

Was wiederum bedeutet, das der jeweilige Mitarbeiter sich aufgrund seiner zuvor vertraglich geregelten erbrachten Leistungen letztendlich seinen Lohn Monat für Monat selbst auszahlt.

Das der jeweilige Mitarbeiter seinen eigenen Lohn letztendlich selbst erwirtschaftet hat, ist dem Arbeitgeber allerdings noch nicht rentabel genug.

Ein Mitarbeiter muss zunächst ca. das **Dreifache** an dem, was er kostet einbringen, damit er sich für den Arbeitgeber tatsächlich rentiert.

Warum ausgerechnet das Dreifache?

Das liegt daran, weil der Mitarbeiter nicht nur ausschließlich dafür ausgenutzt wird, dass er sich letztendlich seinen eigenen Lohn bezahlt, sondern auch noch dafür, um die monatlich anfallenden **laufenden Betriebskosten** des jeweiligen Arbeitgebers abzudecken.

Denn obwohl der Betrieb zwar rechtlich gesehen **das Privateigentum des jeweiligen Arbeitgebers ist,** finanziert der Arbeitnehmer diesen dennoch automatisch mit.

Sie bezahlen also letztendlich gemeinsam mit Ihren Arbeitskollegen Ihrem Arbeitgeber auch noch die laufenden Unkosten seines eigenen Betriebes.

Wirklich **"rentiert"** hat sich der einzelne Mitarbeiter allerdings dadurch nun immer noch nicht. Bis zu diesem Zeitpunkt hat ihr Chef zwar durch Sie seine laufenden Unkosten gedeckt, ***allerdings hat er dabei selbst noch nichts für seine eigenen Taschen abbekommen.***

Ein weiteres Drittel Ihres Verdienstes fließt also schließlich auch noch in die „überraschend tiefen" Taschen des jeweiligen Arbeitgebers.

Und erst jetzt genau in diesem Augenblick haben Sie sich für Ihren Chef endlich als wirklich nützlich genug erwiesen.

Fassen wir noch einmal kurz alles zusammen:

„Der Mitarbeiter zahlt sich erstens seinen Lohn selbst. Er hat das Geld, was er in Form von Lohnauszahlung erhält, schließlich selbst erwirtschaftet.

Zweitens zahlt er fremdes Eigentum, nämlich den Betrieb seines Chefs, und das obwohl dem Mitarbeiter dort vom rein rechtlichen Standpunkt aus gesehen überhaupt nichts gehört.

Und drittens zahlt er den, oftmals nicht gerade gering ausfallenden Lebensunterhalt des jeweiligen Arbeitgebers. "

Wenn der Mitarbeiter also folglich nur ca. 1/3 dessen, was er für den

Arbeitgeber erwirtschaftet hat, als Lohn zurück erhält, ist dies dann tatsächlich immer noch eine gerechte Entlohnung?

Bedenke: *Umso mehr Angestellte für einen Arbeitgeber arbeiten, desto mehr überschüssige Gewinne kann er gleichzeitig auch einbehalten.*

Ab einen gewissen Punkt sind dessen Betriebskosten nämlich durch den Verdienst seiner Mitarbeiter mehr als ausreichend gedeckt worden.
Alles darüber hinaus ist wieder zusätzlicher Reingewinn für Ihren Chef.

„Das ist das grundsätzliche Prinzip aller Arbeitgeber und Unternehmer."

Sie lassen arbeiten und rechnen vollkommen kalkuliert damit, dass bei diesem unfairen Prozess gleichzeitig so viel für sie selbst abspringt, das sie selbst ein vielfach besseres Leben führen können als ihre eigenen Untergebenen.

Somit sollte nun wohl mehr als deutlich klar geworden sein, dass ein Arbeitnehmer niemals auf normalem Wege tatsächlich "reich" werden kann.

Er bekommt, wie zuvor bereits schön aufgezeigt, noch nicht einmal im Ansatz das Geld, was er im Grunde selbst erwirtschaftet hat.

Allein **Arbeitgeber** und **Unternehmer** haben eine reelle Chance tatsächlich reich werden zu können, indem sie dem Arbeitnehmer jährlich jedes Mal aufs Neue einen beachtlichen Anteil seines Verdienstes unterschlagen.

Und umso mehr Menschen Arbeitgeber erfolgreich für sich schuften lassen, umso mehr fällt dabei gleichzeitig auch für sie ab.

Die Arbeitgeber leben von dem, was sie dem Arbeitnehmer nicht auszahlen.

<u>Das ist der grundsätzliche Trick im Kapitalismus.</u>

„Der Reichtum der Reichen ist, das nicht gerecht ausgezahlte und verteilte Geld derer, die es in Wahrheit durch ihre Schufterei erarbeitet haben!"

„Reicher Mann und armer Mann standen da und sahen sich an. Und der Arme sagte bleich: Wär ich nicht arm, wärst du nicht reich!"

-Bertolt Brecht

1.5 Steuer / MwSt.

Abgesehen davon das Sie, wie bereits zuvor schon aufgezeigt, ca. 2/3 Ihrer Arbeits(**Lebens**)zeit fast ausschließlich für das finanzielle Wohlergehen anderer verschwenden müssen, möchte unser geliebter Vater Staat selbstverständlich auch noch einen beachtlichen Anteil an Ihren Verdiensten mit abgreifen.

Von dem bisschen Geld, was dein Arbeitgeber dir für deine eigens erbrachten Leistungen übrig lässt, wird dir also unverzüglich aufs Neue ein nicht gerade kleiner Betrag an €uro in Form von „**Steuern**" wieder abgezogen.

Darüber hinaus drückst du im Anschluss mit jedem einzelnen Produkt, was du mit deinem hart verdienten übrigen Krümeln an Geld erwirbst, ebenfalls nochmals zusätzliches Geld in Form von „**zusätzlichen Steuern**" ab.

In erster Linie gewinnt also immer,
*„abgesehen von den Banken
natürlich“,* zunächst einmal immer
„der Staat“.

Und was geschieht nun mit diesen, durch
die Bevölkerung hart erwirtschafteten
Steuereinnahmen? Gelangen sie auch
wirklich an Ort und Stelle, wo sie für die
Gesellschaft tatsächlich von Nöten sind?

- *Wird durch den Staat eine faire
  Grundversorgung gewährleistet?*
- *Gibt es genügend (kostenlose?)
  Kita sowie Schulplätze?*
- *Wie zeitgemäß ist der Zustand
  und die Ausstattung der Kitas
  sowie schulischen
  Einrichtungen?*
- *Herrscht ein Mangel an Lehrern
  / Pädagogen / Fachkräften?*

**Nahrung, Wasser, sowie Grund und
Boden, all die grundlegenden Dinge,
welche wir zum Überleben benötigen,**

gehören irgendwelchen einzelnen Firmen anstatt der Bevölkerung.

Es gibt für uns kein Essen auf Bäumen, kein frisches Trinkwasser in Flüssen und auch keinerlei Recht darauf uns auf einem kleinen Stückchen Land ein eigenes Zuhause für die Familie zu erbauen.

Versuchst du dir einfach so das zu nehmen, was dir Mutter Erde von Natur zur Verfügung stellt, wirst du im aller schlimmsten Fall sogar eingesperrt!

Ja es läuft einiges nicht ganz rund in unserem Lande…

- *Unzählige Kindertagesstätte, sowie Schulen in Deutschland befinden sich in einem katastrophalen Zustand.*
- *Es gibt Schimmel in Klassenräumen, Risse in Fassaden und Hohlräume in Wänden.*

- *Geschätzte Kosten für die längst überfällige Sanierung* **„55 Milliarden €".**
- *Mindestens* **„300.000"** *fehlende „Kitaplätze".*
- *Allein an Deutschlands „Grundschulen" ein geschätzter Mangel an Lehrern von mindesten* **„26.500"** *bis zum Jahr 2025.*
- **Ca. „3 Millionen"** *fehlende Facharbeiter bis zum Jahr 2030*
- **Ca. „500.000"** *fehlende „Fachkräfte" im „Pflegebereich" bis zum Jahr 2035.*
- **Ca. „800.000"** *Deutsche verfügen über keinen mietvertraglich abgesicherten Wohnraum.*
- **Ca. „13 Millionen"** *Deutsche leben in Armut oder an der Armutsgrenze.*

**Schätzungen vom Bund der
Steuerzahler ergeben eine jährliche
Verschwendung von unseren
erwirtschafteten Steuergeldern in
Höhe von rund 30 Milliarden Euro.**

30 Milliarden € für irgendwelche
unbedachte stumpfsinnige
Staatsprojekte, welche wohl allesamt
durch eine vorherige Volksabstimmung
abgelehnt worden wären.

*(Als Paradebeispiel hierfür gilt der
Berliner Flughafen, welcher den
Steuerzahler seit seiner ursprünglich
geplanten Eröffnung vor über 3.000
Tagen bisher ein Vermögen von 5,7
Milliarden Euro gekostet hat.
(Ca. 6,5 Milliarden bis zum 31.10.2020)*

*Dies entspricht umgerechnet knapp
7.000.000 Kita-Plätze!!!*

*Des Weiteren rechnet man bis zum Jahr
2040 mit weiteren zusätzlichen*

***3 Milliarden Euro „Folgekosten"**, um den bereits jetzt schon zu kleinen, sowie veralteten Berliner Flughafen an das erhöhte prognostizierte Passagieraufkommen anzupassen.)*

In den 30 Milliarden nicht mit eingerechnet sind die lachhaft hohen **„Gehälter und Pensionen"** unserer unfähigen und korrupten Politiker, welche für die *Pulverisierung* unserer Steuergelder überhaupt erst verantwortlich sind.

Sowie die Unmengen an einbezahlten Steuergeldern, welche jährlich einfach so scheinbar spurlos in das nichts des Nirwanas verschwinden.

Heutzutage erhalten die Bundestagsabgeordneten neben ihrem Grundgehalt zahlreiche weitere lukrative Nebenleistungen, welche von unseren hart erarbeiteten Steuergeldern bezahlt werden.

**„Somit wären die Steuerzahler die Arbeitgeber der Politiker.
Doch die Höhe der Gehälter bestimmt nicht der Steuerzahler, sondern die Politiker selbst.“**

Die Gehälter allein der Bundestagsabgeordneten haben sich seit *2011* bis *2019* von ursprünglich *7.668 Euro* auf *10.083 Euro* monatlich erhöht.

Zusätzlich steht unseren Politikern aufgebaut auf unseren Nacken folgender Luxus zur Verfügung...

- ***„Die Kostenpauschale“*** *ist steuerfrei und erhöht sich jedes Jahr automatisch. Sie beläuft sich auf rund **4.260 Euro** und mit diesem Geld sollen Kosten für Büro des Wahlkreises,*

Wahlkreisbetreuung, Repräsentation und weiteres finanziert werden.

- *Jeder Bundestagsabgeordnete bekommt ein „**vollständig eingerichtetes Büro**" samt Büromöbel und Kommunikationsgeräten und das auf 54 **Quadratmeter**.*

- *Die Steuerzahler finanzieren jedem Bundestagsabgeordneten ein jährliches „**Sachleistungskonto**" in Höhe von 12.000 €. Mit diesem Geld bezahlen sie die Geschäfts- und Büroausstattung wie Papier, Schreibmaterial, Notebooks, Smartphones und weitere Materialien.*

„Die Abgeordneten bekommen allerdings bereits ein eingerichtetes Büro samt Ausstattung. Hier zahlt der

Steuerzahler im Grunde doppelt.“

- *„Kostenfreie Bahn- und Dienstwagennutzung“*
  Ein Bundestagsabgeordneter muss für Fahrten mit der Deutschen Bahn keinen Cent zahlen.

  „Der Steuerzahler finanziert nicht nur diese Reisekosten, sondern ebenfalls die Dienstwagenflotte in Berlin, die den Abgeordneten zur Verfügung steht.“
  (Inlandsflüge werden ebenfalls von unseren Steuern finanziert.)

- *„Pauschale für Mitarbeiter“*
  *Mit einer monatlichen Pauschale von etwa **16.000 €** werden die Gehälter der Mitarbeiter eines Abgeordneten bezahlt.*

- Allein im Jahr 2019 wurden
  schätzungsweise **550 Millionen €**
  Steuergelder für **„externe
  Berater"** ausgegeben.

- **„Altersversorgung"**
  Die Steuerzahler finanzieren die
  Altersversorgung der
  Bundestagsabgeordneten, denn
  die Abgeordneten müssen keine
  Beiträge für die Versorgung
  zahlen.

- **„Übergangsgeld"**
  Scheidet ein Abgeordneter aus
  dem Bundestag aus, bekommt er
  für jedes Mitgliedschaftsjahr
  einen Monat Übergangsgeld in
  Höhe der Abgeordneten-
  entschädigung.
  (Die Bezugsdauer ist auf 1,5
  Jahre begrenzt.)

Habe ich was vergessen...?

…Ach ja… da wären dann ja
selbstverständlich noch die
*GROß*zügigen **„Pensionen"** unserer
Politiker.

Während der Durchschnitt unserer
deutschen Rentner monatlich gerade mal
ca. **1.000€ Rente** auf sein Konto erhält,
hat beispielsweise ein parlamentarischer
Staatssekretär ***bereits nach nur einem
einzigen Jahr*** seiner Amtszeit einen
Anspruch auf ca. **814€ Pension.**

**Innerhalb nur einer Legislaturperiode
kommen so schnell Ansprüche in
Höhe von 3.256€ zusammen.**

**Ca. 50 weitere Milliarden € an
unseren Steuergeldern fließen zudem
in das Verteidigungsetat.**

Und als wäre dies alles nicht schon
genug, muss die Bundesrepublik
Deutschland außerdem im Schnitt bereits
schon jeden vierzehnten Euro, den sie
durch ihre Steuereinnahmen erbeutet,

für die Zinsausgaben der **2 Billionen €
„Staatsverschuldung"** aufwenden.

**Eine Verschuldung auf Kosten
derer, die sie nicht zu verantworten
haben.**

„Dich und Mich".

- *Die Grundlage der Demokratie
  ist die Volkssouveränität und
  nicht die Herrschaftsgewalt eines
  obrigkeitlichen Staats.*
- *Nicht der Bürger steht im
  Gehorsamsverhältnis zur
  Regierung, sondern die
  Regierung ist dem Bürger im
  Rahmen der Gesetze
  verantwortlich für ihr Handeln.*
- *Der Bürger hat das Recht und
  die Pflicht, die Regierung zur
  Ordnung zu rufen, wenn er
  glaubt, dass sie demokratische
  Rechte missachtet.*

*Die wenigen, die das System verstehen,
werden so sehr an seinen Profiten
interessiert oder so abhängig sein von
der Gunst des Systems, dass aus deren
Reihen nie eine Opposition hervorgehen
wird.*

*Die große Masse der Leute aber, mental
unfähig zu begreifen, wird seine Last
ohne Murren tragen, vielleicht sogar
ohne zu mutmaßen, dass das System
ihren Interessen feindlich gesinnt ist.*

-Gebrüder Rothschild, 1863

1.6 Geld = Schuld?

Das gesamte Geld, welches sich im
Umlauf befindet, ist = **Schuld**

**„In unserem Finanzsystem kann Geld
nur allein dadurch entstehen, indem
jemand einen Kredit aufnimmt."**

*Das bedeutet, allem Geld steht ein
Kredit gegenüber und umgekehrt.*
Nur so entsteht Geld!

Wenn Amerika 15 Billionen $
„Schulden" hat, bedeutet dies zugleich
auch, das irgendjemand anders
15 Billionen $ *„Guthaben"* hat.

*Wir haben in Deutschland aktuell eine
offizielle Staatsverschuldung von
ca. „2 Billionen €".*

***Gleichzeitig verfügt Deutschland aber
auch über ungefähr „6 Billionen €"
Wertvermögen der
„privaten Haushalte".***

Über 10 Billionen € sogar, wenn wir die ganzen Immobilien und vergleichbaren Sachwerte noch mit dazu addieren würden.

Wo liegt also dann das Problem…?

„Das Problem an unserem System jedoch ist, das sich dieses ganze Vermögen im Laufe von Jahrzehnten, bei nur sehr wenigen Menschen, wie ein Goldschatz angesammelt hat.

Ein Schatz, von dem die breite Masse der Menschen allerdings mal absolut überhaupt nichts hat!"

Von den zuvor oben genannten 6 Billionen € „privaten" Wertvermögen kommt bei der Hälfte der Deutschen nämlich so gut wie überhaupt nichts an. **Es sind weniger als 2%!**

Die reichsten 10% haben dagegen den mit Abstand allergrößten Anteil an der Beute (ca. 50% - 70%).

Wenn Deutschland also nun jährlich
45 Milliarden € an Zinsen für
„Staatsschulden" bezahlen muss,
bekommt folglich jemand anderes diese
45 Milliarden € an Zinsen wieder
gutgeschrieben.

*„Das perverse an unserem bestehenden
System ist jedoch, das obwohl sich das
„private Hauptvermögen" der
Deutschen bei nur „ganz wenigen
Familien" konzentriert, dennoch die
breite Masse der "normalen" Bürger
für diese Zinsen in Form von Steuern
zur Kasse gebeten werden."*

Für Sie als kleiner Bürger spielt es somit
überhaupt keine große und
entscheidende Rolle, wo genau im
System die Schulden verborgen liegen.
Sie zahlen es immer…!

*„Es gibt zwei Wege eine Nation zu
erobern und zu versklaven.*

*Der eine ist durch das Schwert, der
andere durch Verschuldung. "*
-Adam Smith

Die Folgen dieses perversen Systems
sind wohl mehr als offensichtlich.

Während einerseits die Zinsen, und
somit auch Abgaben, systembedingt
immer schneller und schneller ansteigen,
gibt es auf der anderen Seite immer
weniger Menschen, die diese
erforderlichen Kapazitäten
erwirtschaften können.

**Doch Sparmaßnahmen sind nicht
notwendig.**

**Finanzielles Notleiden ist nicht
notwendig.**

**Und auch keine Notwendigkeit für
Armut ist vorhanden.**

**!!!Es gibt überhaupt keine
Knappheit!!!**

Wir sind lediglich die Opfer eines betrügerischen Raubzuges von schier unvorstellbarem Ausmaß geworden.

Allein im Jahr 2018 hat der Staat durch uns, den fleißig arbeitenden Bürger, knapp **„776,26 Milliarden Euro"** steuerliche Einnahmen ergaunert.

Wir wurden stets mit einer Lüge gefüttert, welche so riesig ist, das sie dazu imstande war, die gesamte Menschheit in die elende Versklavung zu treiben.

Die Wahrheit ist...
Es gibt mehr als genug.
Es ist lediglich ungleich verteilt.

„Eigentlich ist es gut, dass die Menschen unser Banken- und Währungssystem nicht verstehen. Würden sie es nämlich, so hätten wir eine Revolution noch vor morgen früh"
-Henry Ford (US-Industrieller)

*„Gebt mir die Kontrolle über die
Währung einer Nation, und es ist mir
gleichgültig, wer die Gesetze macht!"*

-Amschel Meyer Rothschild

1.7 „Giralgeldschöpfung", eine Lizenz zum Geld verdienen.

Nur ein winziger Teil allen Geldes, welches sich im Umlauf befindet, muss tatsächlich in gedruckter Form vorhanden sein. Wieviel dies ist, bestimmt die sogenannte…

„Mindestreserveverpflichtung"

In Europa beträgt der Mindestsatz 1%.
In den USA sind es 10%.
China 20%
Russland 3,5%
Schweiz 2,5%

„Dies bedeutet, das in Europa 99%, und in den USA 90% des sich im Umlauf befindlichen Geldes überhaupt nicht in gedruckter, sowie geprägter Form vorhanden sind, sondern lediglich als „Buchungssatz" in einem „Computersystem" existieren."

Ein kleines Beispiel:

Sparer bringen ihr Geld zur Bank. Die Bank wiederum verleiht dieses Geld dann an ihre Kunden weiter, welche z.B. Geld benötigen, um ein Haus oder ein Auto zu kaufen. **Richtig oder?**

FALSCH!

Alles was eine Bank heutzutage benötigt, um z.B. einen Kredit in Höhe von 100.000€ zu vergeben, ist eine "Mindestreserve" in Höhe von lediglich "1.000" €.

Diese **1.000€** Mindestreserve ist das Geld, was durch die Einzahlungen der jeweiligen Bankkunden <u>tatsächlich</u> vorhanden ist.

**Der Multiplikator-Effekt entsteht durch den bereits zuvor schon erwähnten Mindestreservesatz von 1%, welcher gesetzlich vorgeschrieben ist.*

Die verbliebenen 99.000€ werden dagegen durch die Bank buchstäblich aus dem Nichts herausgeschöpft. Es gibt keinerlei Quelle des Geldes. Dieses Geld war vor dem Kredit überhaupt nicht da!

„Geld ist nichts weiter als bedrucktes Papier, dem wir über eine Behauptung Bedeutung verliehen haben."

Wer daran glaubt, es gäbe tatsächlich so etwas wie einen echten realen Wert hinter dem Geld, z.B. in Form von Gold *(der Goldstandard wurde einst aufgegeben, weil Gold stets begrenzt ist, man aber unbegrenzt Geld generieren wollte),* erliegt leider einer gravierenden Illusion, welche insbesondere in Krisensituation bereits oft enttäuscht wurde.

Banken haben also das Privileg *"Giralgeld"* selbst künstlich zu erzeugen, sowie zu verleihen, und dafür

auch noch dreist reale Zinsen zu
veranschlagen.

*Die Bank schafft durch Vergabe von
Krediten einen gewissen Geldbetrag der
im Umlauf ist. Demgegenüber steht der
gleich große Betrag bei Banken als
Außenstände, also Schulden von
Schuldnern.*

Zu diesem bei der Bank liegenden
Betrag kommen nun noch die Zinsen
dazu, **sodass die jeweiligen Schulden
bei den Banken stets höher sind als der
sich tatsächlich im Umlauf
befindlichen Geldbetrag, ganz gleich
wieviel Geld auch ausgegeben wird!**

*„Wer auch immer die Geldmenge in
unserem Land kontrolliert, ist der
uneingeschränkte Herrscher über den
gesamten Handel und die Industrie ...*

*Und sobald man begreift, dass das ganze
System sehr einfach gesteuert werden
kann, so oder so, durch einige wenige an*

Nun sollte auch jedem klar geworden sein, wieso anscheinend die ganze Menschheit immer tiefer in einem unaufhaltsamen Schuldenberg versinkt.

Die gesamte Geldmenge entstand zwar mit einer Rückzahlungspflicht, aber sammelte sich wegen des aktuell bestehenden Zinssystems allein bei den Besitzern der größten Kapitalkonzentrationen an.

Eine Rückzahlung aller Kredite, und somit der gesamten Geldmenge, „kann und darf es in diesem System nicht geben".

Denn danach gäbe es überhaupt kein Geld mehr!

Jedes einzelne Bankkonto, jeder Geldbeutel und alle Kassen wären dann schlagartig leer.

Die Wirtschaft käme zum Erliegen.

„Stattdessen wachsen Guthaben, Schulden und Zinslasten immer schneller und immer weiter an."

Dass dieser Effekt nicht nur Theorie, sondern tatsächlich Tatsache ist, kann man leicht an der exponentiell wachsenden Entwicklung der Staatsverschuldung sämtlicher Staaten erkennen.

In diesem Teufelskreis der Kreditausweitung muss die Wirtschaft ständig mindestens so schnell wachsen, wie der Geld- und Schuldenberg.

Denn die zusätzlichen Schulden müssen schließlich auch wieder durch zusätzliche Sicherheiten gedeckt werden!

**Die erschreckende Folge dieses
schneeballartigen Systems ist ein sich
ständig beschleunigender und
notwendiger Wachstums"wahn".**

Um diesem Mechanismus zu dienen,
müssen daher immer mehr Häuser,
Maschinen, Autos, Schiffe usw,
auf Pump produziert werden.

<u>Hört die Wirtschaft auf zu wachsen, gibt
es überall Pleitewellen, obwohl
eigentlich nirgendwo tatsächlicher
materieller Notstand herrscht.</u>

**„Im Gesamtsystem fehlt dann einfach
nur das Geld für die Zinsen."**

Die Rückzahlung der sogenannten
„Staatsverschuldung", die in
Wirklichkeit eine selbst erzeugte
„Systemverschuldung" ist,
*„war niemals wirklich beabsichtigt und
ist in unserem aktuellen Finanzsystem
auch überhaupt nicht vorgesehen."*

„Eine Gesellschaft, in der Konsum
künstlich stimuliert werden muss um die
Produktion am Laufen zu halten, ist eine
Gesellschaft die auf Schrott und Abfall
gegründet ist, und solch eine
Gesellschaft ist ein Haus, was auf Sand
gebaut ist.“

-Dorothy Sayers

„Gefangen im Alltag, welcher meist
kaum mehr als Routine bietet, lassen
sich schon fast lächerlich viele
Menschen jeden Tag aufs Neue von einer
kleinen Minderheit ihrer eigenen
Artgenossen unterdrücken,
bevormunden, beherrschen und
ausnutzen.

Im ständigen Trott der Arbeit, der
eigenen Verpflichtungen, sowie des
massiven Unterhaltungskonsums, haben
die meisten Menschen ihren im Grunde
natürlichen Drang zur Freiheit, sowie
Selbstständigkeit wohl bereits schon
längst vergessen oder aufgegeben.

Kein Wunder also, das der
gesellschaftliche Druck nach Status,
Anerkennung und materiellen Gütern
dort am Größten zu sein scheint, wo man
die Bevölkerung hat vergessen lassen,
worum es im Leben wirklich geht.“

1.8 Arbeit, der beste Weg zur Massenkontrolle.

„Der beste Weg um große Mengen von Menschen unter Kontrolle zu halten ist die Arbeit.“

Der Mensch ist so viel am Arbeiten, dass ihm gar keine Zeit mehr bleibt, um sich über Dinge, welche auf der Welt geschehen, besonders viele Gedanken machen zu können.

Wir stehen auf, gehen arbeiten, kommen nach Hause, gucken Fernsehen bzw. hängen am Smartphone und gehen schlafen. Dann gehen wir wieder arbeiten. **Und das Tag ein Tag aus!**

Wie in einem Hamsterrad werden wir künstlich in ein und denselben eintönigen Trott gefangen gehalten. Ein Trott, welcher uns letztendlich immer weiter zermürbt und abstumpfen lässt.

- *Montags ist der Gedanke an Freitag unser Treibstoff des Lebens.*
- *Sonntags bekommen wir schlechte Laune, weil am anderen Tag wieder Montag ist.*
- *Und am Ende eines jeden Monats geht's uns wieder scheiße, weil das Geld mal wieder knapp wird.*

Das ständige unterdrücken der eigenen inneren Bedürfnisse, Wünsche und Triebe sorgt dafür, das der Mensch oftmals zu einer völlig angepassten, sowie abgestumpften Version seiner selbst degeneriert.

Aber dennoch machen wir stets immer und immer weiter, weil dann bald wieder der 1.des Monats kommt und somit auch neues Geld.

„Wir freuen uns auf das neue Geld, obwohl dann dieser elende Kreislauf lediglich wieder von vorn beginnt."

Merken tun dies leider nur die wenigsten. Die Gier nach illusionärem Status und Besitz ist bei den meisten dafür leider viel zu stark ausgeprägt, um das Manipulative an diesem System durchschauen zu können.

Eigentlich ist es sogar recht simpel, um den Menschen abzulenken und beschäftigt zu halten.

Man muss ihm lediglich eine Flut an begehrenswerten Objekten anbieten, nach denen er sich verzehren kann. Um ihm auf diesem Weg einen Sinn zu geben, warum es sich zu leben und zu arbeiten lohnt, *z.B. Autos, Schmuck, Fernseher, Kleidung, Handys, Häuser, Computer, Videospiele, usw...*

„Wie bei einem Esel, dem man eine Möhre vor die Nase hält, damit er immer weiter und weiter läuft, obwohl er eigentlich schon mehr als nur erschöpft ist."

In der nächsten Phase muss man den Menschen nun etwas geben, womit sie all diese "schönen" Dinge erwerben können. In unserem Fall wäre es das **„Geld".**

Vielleicht fällt dir aber auch hier schon das eigentliche "Dilemma" auf.

Denn abgesehen von einer Bleibe und Verpflegung, ist der Mensch allein nur deshalb so gierig nach diesem Geld, weil ihm ununterbrochen so vielerlei ***„glitzernde Dinge und Illusionen"*** unter die Nase gehalten werden.

„Dinge, welche er zwar überhaupt nicht braucht, aber dennoch unbedingt haben muss. Zumindest wird uns dies so eingeredet, oder wir reden es uns selbst ein. "

Im Anschluss muss man den Menschen nun nur noch eine Möglichkeit anbieten, wie sie an das plötzlich ach so wichtig erscheinende, bunt bedruckte Fetzen Papier gelangen können.

„Arbeit ist hier genau das Stichwort!"

Der Mensch geht arbeiten, weil er Geld braucht. Er braucht Geld, um seine Unterkunft, sowie Nahrung erwerben zu können. Dies klingt soweit auch alles nachvollziehbar.

Doch ist der Hauptgrund für das Arbeiten gehen des Menschen zuweilen weder die Wohnung oder die Nahrung, sondern weil er sich am 1. eines Monats ganz viele Objekte zulegen möchte, die die Welt nicht braucht.

Dies geschieht sozusagen als Belohnung dafür, dass man es wieder mal tapfer geschafft hat einen Monat lang durchzuhalten, ohne sich selbst oder einen Kollegen bzw. den Chef umgebracht zu haben.

Anstatt sich zunächst einmal auf das wesentliche zu konzentrieren, um irgendwann vielleicht einmal darauf aufzubauen, vergeuden Unmengen an Menschen jeden Tag aufs Neue ihre Zeit und Energie mit Dingen, die die Welt nicht braucht.

Zumal durch den Wegfall gesellschaftlich unwichtiger Tätigkeiten mehr Menschen übrig blieben, um die wirklich wichtigen Arbeiten fairer und ausgeglichener untereinander aufzuteilen, sodass am Ende für jeden eine geringere monatliche Arbeitsbelastung anfallen würde.

„Wenn deine gesamten Einkünfte hauptsächlich für essen und Unterkunft verbraucht werden, dann ist deine Arbeit nicht mehr länger eine Möglichkeit des wirtschaftlichen Aufstieges, sondern eine Tätigkeit des reinen Selbsterhalts.“

!Sklaverei!

1.9 Brot und Spiele

Ständig irgendwelche neuen Trends.
Ständig irgendwelche neuen Stars.
Immer mehr Druck mitzuhalten.
Immer mehr Druck standzuhalten.

„Sex, Geld, Macht, Status,
Anerkennung, Ruhm."

Wer sich die von sexuellen Anspielungen, Gewalt, sowie stumpfsinnigen Nonsens trotzenden „Musikvideos", „Filme" und „Serien" unserer Zeit einmal genauer angeschaut hat, oder sich generell auch nur mal ein wenig mit dem so genannten "Content" von *TV, YouTube, Facebook, Instagram und Co* beschäftigt, dem sollte relativ schnell und einfach klar geworden sein, weshalb sich unsere angeblich, ach so "moderne" und weitentwickelte intelligente Gesellschaft, beständig immer mehr in ihre eigene „digitale Versklavung" manövriert.

Der Kreislauf ist natürlich perfekt ausgewählt…

…Tag für Tag, immer wieder arbeiten.

Und dann, wenn du abends endlich zuhause bist und die paar Stunden Freizeit, die dir von deinem bisschen Leben noch geblieben sind, genießen willst, wird sich leider viel zu oft stumpfsinnig ***vor den Fernseher, das Smartphone oder die Spielekonsole / PC gehockt,*** wo die Kreativität, sowie das eigene selbständige, kritische Denken schließlich immer weiter Stück für Stück verkümmert.

***220 Minuten verbringt der Deutsche im Durchschnitt am Tag vor dem Fernseher.**

Heutzutage bekommt stellenweise ein 8 jähriges Mädchen / Junge bereits von ihren Eltern ein Smartphone in die Hand gedrückt und ist somit in einer sehr sensiblen und entscheidenden Entwicklungsphase des kindlichen Gehirnes, bereits einer permanenten, sowie kaum kontrollierbaren gefährlichen Programmierung von außen ausgeliefert.

„Wir werden allesamt berieselt mit Unmengen an stupiden und gehirnlosem Schwachsinn, und der Großteil der Bevölkerung saugt diesen Unfug auch noch auf wie ein vertrockneter Schwamm das Wasser.“

- *Über 40% der deutschen schaut bereits innerhalb der ersten 15 Minuten nach dem Aufstehen auf ihr Smartphone.*
- *Über ein Drittel der befragten gaben an auch nachts auf ihr Smartphone zu schauen.*
- *55% nutzen ihr Smartphone beim essen.*
- *30% beim Autofahren.*

- *29% beim Überqueren von Kreuzungen.*

Unsere ach so schlauen und geliebten Smartphones und anderen modernen technischen Spielereien, haben uns hinterrücks Stück für Stück immer dümmer werden lassen, welch traurige Ironie.

**„Das Volk soll nicht denken.
Das Volk soll funktionieren!"**

Wir sollen so gut wie möglich in einen ewigen Kreislauf absoluter (geistiger) Versklavung gehalten werden, damit die Masse der Menschen keine reelle Gefahr für die herrschende Elite werden kann.

„Die Demokratie eines Landes kann stets nur so gut sein, wie das jeweilige Volk schlau ist!"

Denn anders, als bei einer gut aufgeklärten und informierten Bevölkerung, können die Politiker ihre

eigenen politischen Ziele, nämlich bei
einer zunehmenden Verdummung der
breiten Maße, wesentlich effektiver und
unkomplizierter in die Tat umsetzen.

**Das gesamte Wissen der Menschheit
steht uns Mithilfe des Internets zur
Verfügung, doch wir gehen damit um,
als wäre dies alles nur ein Witz.**

Jeder Depp kann innerhalb kürzester Zeit
bei Wikipedia schnell etwas nachlesen
oder kopieren und sich danach, wie der
allerklügste Mensch auf Erden fühlen.

Während früher für ein Thema oftmals
noch Tage, Wochen oder Monate lang
wirklich richtig recherchiert wurde,
schauen die meisten sich heutzutage
ein bis zwei YouTube Videos an und
fühlen sich dadurch bereits gut
informiert.

Der Besitz von tatsächlichem Wissen,
welches früher einmal als ein sehr hohes
Privileg angesehen und geschätzt wurde,

hat sich hinüber zu einer fürchterlich
konsequenzreichen Satire seiner selbst
gewandelt.

Genau deshalb sollen sie auch nichts von
all dem wissen, was ich versuche Ihnen
in diesem Buch mitzuteilen:

- *Sie sollen sich mickrig und
  unbedeutend fühlen.*
- *Sie sollen denken, so ist es nun
  mal, was soll ich schon daran
  ändern können.*
- *Sie sollen denken, dass arbeiten
  und Fernsehen gucken schon das
  Leben sei.*
- *Wir müssen uns dazu zwingen
  wieder aus dieser Verblödung
  aufzuwachen.*
- *Wir müssen lernen zusammen zu
  halten.*
- *Wir müssen anfangen kritisch zu
  denken und Dinge zu
  hinterfragen.*

- *Wir müssen anfangen uns endlich zu wehren und um unsere Rechte zu kämpfen.*
- *Wir sollten arbeiten gehen, um gut leben zu können und nicht leben, um nur noch arbeiten zu müssen.*

„Wir müssen endlich damit beginnen GEMEINSAM aufzuwachen!"

Altersarmut

*Warst das ganze Leben fleißig, hast
geschuftet wie ein Tier; gönntest dir im
Grunde garnichts, wenn, dann höchstens
mal ein Bier.*

*Hast dir deinen süßen Hintern für die
Arbeit krumm gemacht. Auch der Fiskus
war zufrieden, aber Vorsicht, nun gib
Acht:*

*Jetzt im Alter musst du büßen, teils mit
Schmerzen, teils mit Hohn. Denn die
Rente, die dir zusteht gleicht doch nur
'nem Hungerlohn.*

-Norbert van Tiggelen

2.0 Schlusswort

Wir bekommen noch nicht einmal im Ansatz den fairen Verdienst an Lohn ausgezahlt, welchen wir für unseren jeweiligen Arbeitgeber zuvor selbstständig erwirtschaftet haben.

Von dem bisschen, was man uns schließlich übrig lässt, drücken wir zudem auch noch einen beachtlichen Anteil in Form von Steuern an den Staat ab.

Nichtsdestotrotz wird von uns zudem erwartet, das wir unsere Unterkunft, sowie unsere Verpflegung, welche wir allesamt zum Leben und effektiven arbeiten benötigen, selbst finanzieren.

Verpflegung, welche frecherweise genau wie alles andere nochmals mit einer zusätzlichen Steuer versehen wurde.

Wenn ich doch sowieso schon größtenteils nur für Chef und Vater Staat arbeiten gehe, weshalb wird mir dann

nicht zumindest meine Grundversorgung
zur Verfügung gestellt?

***„Ist es für unsere Elite immer noch zu
viel verlangt ihren fleißigen, kleinen
Sklaven ein bedingungsloses
Grundeinkommen zuzusprechen?"***

Umso mehr Geld das breite Volk zur
freien Verfügung hätte, desto mehr
würde auch aufgrund der erhöhten
Kaufkraft gleichermaßen unsere
Wirtschaft davon profitieren.
Eine Win / Win Situation also!

!!!Bleiben Sie nicht länger stumm!!!

***Reden Sie mit Ihren Mitmenschen,
Arbeitskollegen, Familien und
Freunden darüber, was Sie in diesem
Buch gelernt haben.***

*„Denn nur mit einer wirklich gut
informierten, sowie aufgeklärten
Bevölkerung lässt sich dieses, uns
feindlich gesinnte System hoffentlich
irgendwann einmal zum Einsturz
bringen."*

Bis dahin vergessen Sie nicht...

...auch Sklaven**LEBEN!**

„In ewiger Verbundenheit zur
Wahrheit und dem Denken verbleibe
ich Dennis Hans Ladener."

Ladener

„Der Wohlstand der Industrienationen besteht seit rund drei Jahrzehnten zu einem Gutteil nur noch aus Schein und Illusion – konkret:

Aus Kapitalverzehr – und steht mit seinen Fundamenten auf dem schlammigen Untergrund eines riesigen Schuldenmeeres.

Es ist nur eine Frage der Zeit bis diese Scheinwelt in sich zusammenbricht.“

-Roland Baader

Weitere Bücher des Autors

Eine kurze Zusammenfassung des Ganzen

1. Auflage 2014
ISBN-10: 3735785689
ISBN-13: 978-3735785688

Die höhere Erkenntnis
Ein Weg zum besseren Verständnis der Welt

1. Auflage 2014
ISBN-10: 9783735788689
ISBN-13: 978-3735788689

Die Datenwelt Theorie

1. Auflage 2015
ISBN-10: 3734750946
ISBN-13: 978-3734750946

Reset
Der Anfang einer Neuen Welt

1. Auflage 2018
ISBN-10: 3748185324
ISBN-13: 978-3748185321

Das Handbuch der Welt

1. Auflage 2019
ISBN-10: 3748159080
ISBN-13: 978-3748159087

Die Datenwelt Theorie 2.0

1. Auflage 2019
ISBN-10: 3735778704
ISBN-13: 978-3735778703

*Arthur Schopenhauer
Eine "kleine" Einführung*

1. Auflage 2019
ISBN-10: 3735760309
ISBN-13: 978-3735760302

Die 4 Säulen des Scheiterns

1. Auflage 2019
ISBN-10: 374946894X
ISBN-13: 978-3749468942

„Lumpen ergeben Papier
Papier ergibt Geld
Geld ergibt Banken
Banken geben Darlehen
Darlehen ergeben Bettler
Bettler ergeben Lumpen"

-Lumpensammlerweisheit aus
dem 18. Jahrhundert

Notizen

Notizen

Notizen

Notizen

**„Wissen macht einen
Menschen als Sklave
untauglich!"**

*(Frederick Douglass, befreiter
Sklave, Aktivist zur Abschaffung
der Sklaverei und Schriftsteller)*